AF229797

CUISINE PARLEMENTAIRE

PAR UN DÉSŒUVRÉ

PARIS,

IMPRIMERIE CHARLES DE MOURGUES FRÈRES,

Rue Jean-Jacques-Rousseau, 58.

1879.

CUISINE PARLEMENTAIRE

PAR UN DÉSŒUVRÉ

PARIS,

IMPRIMERIE CHARLES DE MOURGUES FRÈRES,

Rue Jean-Jacques-Rousseau, 58.

1879.

CUISINE PARLEMENTAIRE

PAR UN DÉSŒUVRÉ

(Mangez-vous les uns les autres).

BRUITS DE FUSION.

Il paraît que la fusion est faite, et que M. le comte de Chambord voudra bien conserver le drapeau tricolore; du moins une partie de la presse le croit ; l'autre ne le croit pas.

Sera-t-il tricolore ? Sera-t-il blanc ? et voilà le sort d'un pays de trente-six millions d'habitants accroché à un morceau de toile qu'on badigeonnera d'une certaine couleur.

M'est avis que le drapeau blanc a été victorieux et vaincu ; que le drapeau tricolore a vu des revers et la bonne fortune.

Ces questions font pitié quand la maladie dont notre malheureux pays est atteint est d'une gravité si exceptionnelle ; et, dans tous les cas, ce ne sont pas elles qui nous remettront à la tête de l'Europe.

Le futur roi devrait accepter ce qui est et, si plus tard il marche à notre tête quand nous prendrons la revanche, il aura le droit de nous donner des drapeaux neufs, peints à sa façon et qui, n'ayant vu que la victoire, seront acclamés par tout le monde.

ELLE SE FERA ! ELLE NE SE FERA PAS.

Patatra! tout est cassé.

Le comte de Chambord, qui avait promis de saluer le drapeau tricolore et d'être un joli roi constitutionnel , a changé d'idée et, dans un manifeste adressé à un député chargé de le communiquer à son peuple, il déclare catégoriquement qu'il ne rentrera en France qu'avec le drapeau blanc, qu'il est chargé d'une mission divine et saura l'accomplir.

Et maintenant ma belle France, débrouille-toi comme tu l'entendras !

Les purs du parti, à la lecture de la noble lettre du Roi, se sont pâmés d'orgueil et après vingt-quatre heures de réflexion, se sont aperçus que la monarchie était morte d'une indigestion d'honnêteté.

Alors on a offert la couronne aux d'Orléans et, chose extraordinaire, ils ont refusé.

De trop de prétendants, a-t-on dit justement, nous n'en avons plus assez. Nous ne nous habituerons jamais à cela.

Le général Changarnier s'est imaginé en cet instant critique , de proposer la lieutenance du royaume au duc de Joinville qui est resté *sourd*, ce qui n'a rien de surprenant, à cette douce invitation, et qui aurait gouverné *pour le roi empêché!*

Que veut dire empêché? et pourquoi ne pas mettre simplement: *Pour le roi en mission divine.*

C'est lui qui l'a dit dans son manifeste, et s'il ne vient pas, c'est que sa mission consiste à ne pas venir. C'est bien simple , mais en tout cas il est toujours en mission.

Monsieur le comte de Chambord ne passe pas pour un imbécile, et il se sera probablement dit, pour parler sérieusement : J'appartiens à la plus vieille famille royale de l'Europe. Comme tel, je suis l'égal des rois.

J'ai six cent mille livres de rentes, et à part les moments où mes amis de France viennent me dire : Sire ! drapeau tricolore — restauration — d'Orléans — peuple a soif de vous — droit divin, je suis parfaitement tranquille ; je savoure Veuillot tous les matins, et comme tous les Bourbons, je reste longtemps à table. Je suis entouré du respect universel.

Au contraire, je ne serai pas roi depuis cinq minutes qu'on ne respectera même pas ma jambe boiteuse ; on m'appellera gambillard.

Si je gouverne paternellement : roi de carton ; si j'ai la main ferme, l'homme de Novembre ou de Janvier, date de mon avènement.

On commentera mon mariage, et les journaux facétieux diront , l'impuissant Henri, le stérile Henri.

On publiera des photographies où je serai représenté dansant une sarabande autour da la statue de la Liberté expirante avec Philippe-Egalité, l'empereur Guillaume, les quatre sergents de La Rochelle, et ma pauvre sainte femme la reine , qu'on désignera communémet sous le nom de vieille médaille, vieille lanterne.

On sanctifiera Louvel , donc laissez-moi à mes moutons.

SA MORT. — SES CONSÉQUENCES.

Aujourd'hui a eu lieu le service funèbre de Dame Monarchie, décédée dans sa neuf centième année.

Le char mortuaire selon les vœux de la défunte était de la plus grande simplicité.

Les cordons étaient tenus par MM. de Bellecastel, Lucien Brun ,Chesnelong, général du Temple. Après la messe célébrée par l'abbé Kergaridoromadeckarian , breton , ami particulier de la défunte, l'absoute a été donnée par Mgr l'évêque d'Orléans.

Dans la soirée une dizaine de groupes parlementaires, appartenant à des opinions très différentes se sont réunis.

La prorogation des pouvoirs du maréchal de Mac-Mahon a été proposée simultanément dans toutes les réunions et adoptée par les uns pour une année, par les autres pour deux, pour trois, quatre, cinq, six, jusqu'à dix années inclusivement.

Des députations ont été envoyées au maréchal, chacune dans l'intention de faire agréer l'ours de son groupe.

Le duc de Magenta a répondu tranquillement qu'il était touché jusqu'au fond de ses entrailles de Bayard moderne, et qu'il ferait connaître ses intentions.

Depuis ce moment les gauches, les droites, les milieux, les demi-gauches, les demi-droites, les demi-milieux, se réunissent, se désunissent, s'unissent de nouveau, pour n'être plus unis l'instant d'après, prorogent, renversent, reprorogent : gâchis, mortier, galimatias !

L'illustriquet reparaît à la surface de l'eau.

Ses amis voudraient bien ne proroger le maréchal que pour une année, pour un mois, pour un jour, pas du tout.

Il désirerait présider encore Foutriquet ! il a promis à Gambetta d'être son père ; à l'extrême gauche les ambassades, à la gauche les préfectures, à la droite les bureaux de tabac ; aux bonapartistes 86 places de garde champêtre, au centre gauche la lune, au centre droit les étoiles.

Il a promis de s'habiller le lundi à la mode de 92, le mardi en grognard de 1806, le mercredi en sœur de charité, le jeudi en émigré de Coblentz, le vendredi en artilleur de Trouville, le samedi en paysan laborieux, le dimanche en amour, ce jour étant entièrement consacré à Madame Thiers.

Des députés ont encore offert la présidence à l'amiral Pothuau, à M. Grévy, au général Billaut, à tout le monde excepté moi, les ingrats.

Et pendant ces commérages, ces cancans, cette gymnastique, ces répétitions et représentations, que devient le pays ? que deviennent le commerce et l'industrie ; que pense de nous l'étranger ?

DE L'INFLUENCE DU CHIFFRE 7.

Le maréchal a parlé ! Il veut sept ans de prorogation.

C'est net ! sept ans, ou rien ! et des lois constitutionnelles qui lui donneront la *Force* ;

Nos ennemis les députés ont donc nommé une commission pour examiner la *volonté* du maréchal et il se trouve que la majorité de cette commission n'aime pas le chiffre sept.

Desbarolles dit : « Sept est le nombre sacré dans tous les symboles ; il représente le pouvoir magique dans toute sa force. Le nombre sept est dans l'arc-en-ciel. dans les sacrements, dans les dons de l'Esprit Saint, dans les vertus et dans les vices. »

Or, je le répète, la majorité de la commission ou centre gauche, n'aime pas le nombre sept ; probablement parce qu'elle déteste les sept vertus, parce qu'elle ne croit pas à l'Esprit Saint, parce qu'elle traite les sacrements d'enfantillage, enfin, et surtout parce que les sept péchés capitaux sont chez elle aussi communs que le bon sens est rare.

Cependant, j'entends dire que ces sept ans c'est le salut et que, si le centre gauche ne les vote pas, nous sommes perdus.

Vous m'ennuyez, après tout, avec votre centre gauche.

Qu'est-il donc s'il vous plaît ? à qui appartient-il ? est-il au Roi ? aux Princes ? à Gambetta ? au Maréchal Président d'une République définitive ? Vous n'en savez rien ni moi non plus.

De quel côté vient le vent? Vous le saurez en examinant le centre gauche.

Il est léger comme une plume ce centre-là; mais comme il n'y a pas de vent aujourd'hui, il ne s'envole pas encore.

Soyez tranquille, Phœbus le fera bien marcher, qu'il souffle de Chantilly, de Frosdorff ou de Magenta, vous verrez le centre gauche.

Hanneton, vole, vole, vole !

Heureusement que les autres députés voteront la prorogation ? Certainement, mais leur tristesse fait mal à voir.

Mais enfin que disent-ils?

Que font-ils?

Ils conjuguent le verbe regretter.

Je regrette Henri V.

Tu regrettes le comte de Paris.

Il regrette l'Empire.

Nous regrettons Gambetta.

Vous regrettez..... quoi encore?

Ils regrettent tous quelque chose, et ces pauvres astrologues, le nez en l'air, s'en vont vers le fameux puits où nous tomberons avec eux si.......

Ce si est pour vous, Monsieur le Maréchal.

Allons, sapristi ! un peu de poigne, et souvenez-vous qu'avec le nombre sept, *vous aurez le pouvoir magique dans toute sa force.*

Fort bien, mais le centre gauche? allons donc, le vent souffle de Magenta; il donnera 77 voix de majorité au Maréchal Président.

Deux 7 à côté l'un de l'autre! c'est à faire frémir !

UN REMÈDE A NOS DIVISIONS.

Depuis la chute du téméraire Icare on n'avait pas vu de chute aussi carabinée que.....

Ou bien encore : depuis la mésaventure de Saturne, réduit à se réfugier sur la terre après avoir habité le ciel, aucune histoire plus humiliante.....

Voilà comment parlent messieurs les journalistes au lieu de nous dire simplement que le duc de Broglie est tombé et avec lui le ministère.

Pourquoi? vous seriez né malin si vous me le disiez.

Ce duc, qui a voulu sans doute faire bien, a exécuté une culbute d'autant plus retentissante, que son nom était plus sonore et sa personne moins populaire, moins sympathique que celle de ses prédécesseurs.

Mais je crois l'accident arrivé à l'ancien vice-président du Conseil, beaucoup moins grave que celui du fils de Dédale, voire même du père de Jupiter et qu'il est simplement la conséquence du nouveau système gouvernemental inauguré par l'Assemblée nationale, celui de renverser un ministère tous les matins, de façon qu'en fort peu de temps, tous les députés ayant été ministres et tous les appétits étant satisfaits, ils retourneront chez eux de bonne volonté sans l'aide d'un Pavia quelconque, et après avoir dit gaiement au pays : Nous nous décidons à aller planter des choux, il n'est que temps que des élections nous donnent un maître.

Ci-gît la difficulté.

En effet, aimez-vous les bruns, les blonds, les minces, les ronds, les boiteux, les jeunes, les mûrs, nous avons de tout cela parmi nos prétendants.

Cependant si on voulait, comme on simplifierait la question.

Mais comment? comment? Vous allez voir, je vous demande deux minutes d'attention.

Vous avez vu des ruches? oui; vous savez alors combien les abeilles sont laborieuses, et avec quel aveuglement elles obéissent à la reine qu'elles se sont donnée. Oui; vous ignorez peut-être qu'il leur prend quelquefois la fantaisie de déserter leur nid.

C'est un signe de révolte.

Soyez sûr qu'il y a plusieurs reines dans la ruche.

Les abeilles tiraillées par la reine Gambetta, par la reine d'Aumale, par la reine Chambord, par la reine Napoléon IV, n'obéissent à personne, ne travaillent plus, se mettent à bourdonner la Marseillaise et s'apprêtent à s'envoler.

Que fait un propriétaire avisé?

Il bouche simplement l'entrée de la ruche.

Que font les reines qui ne peuvent plus sortir?

Elles se battent avec acharnement, jusqu'à extinction de toutes les prétendantes moins une, qui victorieuse, réunit sous son dard et fait rentrer dans l'ordre tous les partis qui s'entre-déchiraient.

A mon avis on devrait construire une ruche gigantesque.

On inviterait à y entrer tous les prétendants à la couronne de France, voire même Thiers Ier.

Le propriétaire actuel de la ruche, le duc de Magenta

fermerait la petite porte qu'il pourrait ouvrir quelques jours après.

On en tirerait le survivant pour le conduire directement à Notre-Dame, où il serait sacré en présence des abeilles françaises et au son du bourdon de la métropole.

C'est simple, mais vous verrez qu'on n'essaiera pas.

LES ENTREPRENEURS DE DÉMÉNAGEMENTS MINISTÉRIELS.

Renverser un ministère n'est point difficile; le reconstituer est autre chose, et je vois d'ici l'embarras du maréchal.

S'il prend son cabinet dans la minorité restée fidèle, les membres de ce cabinet auront contre eux la majorité.

Si au contraire il le choisit dans la majorité qui a voté contre lui, c'est récompenser cette partie de la chambre d'avoir jeté par terre M. de Broglie et ses collègues.

Généralement on ne récompense pas des ennemis.

Vous avez dit ? j'ai dit ennemis, car ne vous y trompez pas, vous avez beau répéter en chœur, vous, députés de l'extrême droite, de la montagne ou du centre gauche, que vous n'avez pas voulu causer le plus petit désagrément au chef du gouvernement en renversant des ministres qu'il avait choisis, et avec lesquels il a toujours été en communauté d'idées. Vous avez beau nous raconter qu'en tapant sur les doigts des collaborateurs du Président, vous n'avez pas voulu lui donner la moindre pichenette sur le nez. Ce sont là des subtilités qu'on ne comprend guère.

Vous êtes des ennemis rien de plus, rien de moins.

Cette comédie me rappelle que j'ai vu jouer l'année dernière, une pantomime dans laquelle les situations avaient une certaine analogie avec celle du maréchal.

Un bonhomme vertueux, n'aimant pas le bruit, s'installe dans un appartement séduit par l'écriteau qui porte: *maison tranquille.*

A peine le soir est-il dans son lit, que d'énormes araignées, de monstrueuses puces le sucent et le mangent.

Ces bêtes ne lui en veulent pas à lui particulièrement,
mais elles lui causent sans mauvaise intention, des désa-
gréments et des démangeaisons. Il se gratte, fait une
hécatombe, et replace sa tête sur l'oreiller.

Mais alors un charron frappe sur son enclume.

Le malheureux locataire se lève en sursaut.

Pourquoi me réveillez-vous à pareille heure, mon ami?

Ah monsieur que je suis fâché, ce n'est pas vous que
je voulais troubler, mais il y a un voisin.....

.... Mon homme se recouche. Une douzaine de musi-
ciens ambulants commencent sous ses fenêtres un con-
cert diabolique.

Vous voyez la chose d'ici.

C'est l'histoire de ce pauvre maréchal auquel les musi-
ciens, les forgerons, les puces et les araignées politiques
rendent la vie misérable et qui répondent lorsqu'il les
supplie, de lui accorder un instant de répit : Ce n'est
pas à vous que nous en voulons ; nous vous aimons, vous
respectons.

Mais il y a un voisin, le duc d'en face, M. de Broglie ;
il y a un autre voisin au second, M. Decazes ; il y en a
un au troisième, M. de Fourtou ; au rez-de-chaussée,
M. Magne, etc., etc., etc.

Hé bien vrai! il faut être fièrement trempé pour ne
pas faire un saut de l'Élysée à Charenton, et je me per-
mettrai de soumettre humblement au locataire de ce
palais, le projet de loi suivant, qui mettrait un terme aux
taquineries de ces entrepreneurs de déménagements
ministériels :

Art. premier. — Chaque député à la constitution d'un

ministère, déposera à titre de cautionnement dans les caisses de l'État une somme de mille francs.

Art. II. — Pendant la durée du cabinet cette somme produira un intérêt de 5 %.

Art. III. — Elle fera retour à l'État au renversement dudit ministère.

Qu'est-ce que cela?

Une transaction commerciale.

Je suis l'État consommateur de ministres et vous, députés, des fabricants de ministres.

J'ai besoin d'un ministère, vous me le livrez. Mais comme je ne connais pas la marchandise fournie, vous versez le cautionnement dont il est parlé plus haut. Supposons, un instant, qu'un ministère entièrement nouveau ait été constitué.

Il a donc été versé par les sept cent cinquante fabricants dont se compose l'Assemblée, une garantie de 750,000 fr. Tout va bien, et moi État, je reconnais que la fourniture est bonne. Je paie régulièrement l'intérêt du cautionnement. Cependant, au bout de six mois, vous fabricants, vous trouvez que les ministres s'éternisent. L'État ne consomme guère. Prenez un nouveau cabinet ; le vôtre est démodé, usé, dites-vous au maréchal.

Le Président ne partage pas votre avis, il est content de la livraison.

Vous insistez, vous imposez un nouveau cabinet, le gouvernement confisque les 750,000 fr. et en exige 750,000 autres, toujours pris dans les poches des fournisseurs.

Vous vous récriez : C'est une horreur, nous plaiderons !

On plaide, devant le tribunal de commerce, s'entend.

L'avocat de l'État explique aux juges le contrat passé

entre son client et l'Assemblée, et il dit : Regardez autour de vous, messieurs, que voyez-vous à chaque changement de ministère ? Les fonds publics baissent; les transactions commerciales cessent; la défiance renaît; les étrangers quittent la France, dont les pertes se chiffrent alors par des centaines de millions.

Quelles sont les causes de ces crises périodiques ? L'ambition des 752.

N'hésitez pas à condamner ces perturbateurs de l'ordre public, nous vous le demandons au nom de la patrie qu'ils ruinent; vos consciences ne peuvent hésiter.

Soyez certains qu'au bout de fort peu de temps, je veux dire de fort peu de ministères, messieurs les députés soigneront leurs bourses. C'est la grâce que je vous souhaite.

LA NAISSANCE D'UN MINISTÈRE. — COUPS ET BLESSURES. — LES PREMIERS PAS DES MINISTRES.

L'Assemblée est en mal de ministres depuis cinq jours; elle souffre cruellement. Les praticiens les plus distingués, MM. de Goulard et Buffet, lui prodiguent des soins assidus. Cependant le public ne laisse pas que d'être inquiet; on s'aborde anxieusement : Quoi de nouveau? Toujours rien !

Kerdrel a été mandé à la présidence où une consultation a eu lieu; il est d'avis d'employer les fers, la malade étant très abattue.

C'est une véritable surprise pour M. Thiers, que cette pauvre Assemblée qui accouche si facilement et si souvent soit cette fois tant éprouvée. Elle vieillit, a dit Saint-Hilaire, et ce qui n'est que fonctions pour une jeune Assemblée devient une pénible opération pour les Assemblées sur le retour.

Hélas ! s'est écriée Madame Thiers !

Enfin, cette nuit sont nés sept petits ministres, dont l'aîné, Cissey, sera vice-président du Conseil.

La convalescence de l'accouchée sera longue, et sa santé pourrait bien être très sérieusement ébranlée par l'inquiétude que lui causera la complexion très délicate et très-frêle de ses enfants.

Gambetta, sans respect pour l'état de souffrance de la jeune mère, a fait des siennes, sans doute après boire.

Il a traité les bonapartistes de misérables, et Messieurs

les députés ont immédiatement transformé le toit qui les abrite en une salle de lutte à mains plates, avec injures, menaces, échanges de cartes et de mauvais procédés à la clef.

La gare Saint-Lazare était le lendemain le rendez-vous de chapeaux mous et de chapeaux durs, républicains ou bonapartistes, la résistance différentielle de la coiffure représentant en France telle ou telle opinion.

Ils étaient venus dans l'intention de prouver leur joie ou leur mécontentement à l'ex-dictateur.

La joie s'est montrée sous forme de hurrahs et le mécontentement s'est traduit par un coup de poing appliqué sur l'œil du chef de la gauche.

Tumulte, arrestations, déploiement de force, bousculades, taloches, rien n'a manqué à cette fête patriotique, qui prouve assurément notre bon sens politique, nos mœurs douces et un véritable amour de l'ordre.

Les jeunes ministres sont atteints d'une petite interpellation volante. Rien de bien inquiétant, même pour le petit de Fourtou et on espère pour lui le meilleur résultat d'une abondante transpiration, qui surviendra sans doute demain à la tribune, à la suite d'une application d'un emplâtre centre-gauche.

Le beau Bethmont est donc monté à la tribune pour dire à ses 749 collègues, qui le savaient aussi bien que lui, que M. Gambetta avait eu le désagrément de recevoir une correction.

Il s'est plaint de l'arrestation d'un député, son frère en politique, des auteurs de cet acte incroyable, inqualifiable, impardonnable, damnable, condamnable, les gardiens de la paix, et a demandé la mise à mort des petits ministres indignes de vivre dans une république où il n'est pas permis de s'égorger pour se distraire.

Le petit Fourtou a jeté précipitamment un sucre d'orge que venait de lui envoyer la maréchale de Mac-Mahon et à l'étonnement de toutes les mères qui assistaient à la séance, il a si bien griffé, mordu, pincé l'anthropophage Bethmont, que cet honorable centre gauche a été obligé de rentrer à Paris, déguisé en invalide, pour se soustraire à la fureur des nourrices de bureaux de placement qui voulaient venger bébé Fourtou.

Au sortir de l'Assemblée il y a eu goûter à la Présidence pour tous les petits ministres.

Combien d'heures de tranquillité avons-nous sur la planche?

CASIMIR PÉRIER, PÈRE ET FILS.

—

Une statue S. V. P.

Hélas à peine 48 heures! C'est la faute, c'est la très grande faute de M. Périer Casimir que la réputation de son père et de Lesdiguières ne laisse pas dormir tranquille.

Qu'a fait son père, Casimir Périer? Ce que vous savez: Contribué à la chute des Bourbons.

A quelle chute a contribué le fils Périer Casimir? à aucune encore, et c'est ce qui le tracasse. Vite une chute, il faut qu'il contribue à une chute.

Mais qui est ce Monsieur Lesdiguières et qu'a-t-il fait au compère Casimir?

Ce Lesdiguières était connétable de France, en son temps.

Il n'a contribué à aucune chute, au contraire de Casimir Périer.

On dit même qu'il aida Henri IV à monter sur le trône et qu'il consolida celui de Louis XIII.

On était bête à cette époque.

On édifiait, et on a eu la condescendance de placer la statue de ce souteneur de rois au dessus de l'entrée principale du manoir de Vizille qui était sa propriété, bien avant d'être celle de l'athénien Périer Casimir.

L'ancien ministre de M. Thiers remplacerait volontiers cette statue par la sienne propre, équestre s'il vous plaît, mais en l'an de grâce 1874, quiconque n'a rien renversé, quiconque n'a pas contribué à une chute, n'a pas de statue.

C'est donc pour contribuer à une chute, la plus horrible de toutes, celle de son pays, que Périer Casimir a proposé à la Chambre de proclamer immédiatement la République.

Renverser les Bourbons c'était déjà joli pour le père et les annales de la famille, mais renverser son pays serait bien plus fort et nous verrions sûrement Périer Casimir à cause de cette chute, à laquelle il aurait contribué, monté sur deux chevaux au lieu d'un seul comme le modeste Lesdiguières, à l'entrée principale du château de Vizille.

L'assemblée à la majorité de deux voix a renvoyé la proposition de chute Périer Casimir à la commission des Trente.

Cette commission comme on sait n'est pas républicaine.

Il est donc probable qu'elle conclura au rejet de la proposition, et j'ai même l'espoir que l'assemblée n'a voté l'urgence, que pour faire savoir plus vite à Périer Casimir, qu'elle ne veut pas de la République ni par conséquent de la chute, à laquelle il voudrait contribuer pour être célèbre comme son père Casimir Périer ou à cheval comme le connétable Lesdiguières.

Il serait vraiment original de voir se réaliser les projets du centre gauche, dans une chambre où les monarchistes de différentes nuances sont en majorité.

Remarquez que je dis original, pour ne pas me servir du mot écœurant, parce que depuis trois ans, tout ce qui est écœurant passe simplement pour un fait ordinaire.

Les députés, comme le pays, sont atteints de délirium

et la folie étant l'état normal de la généralité , n'est plus une maladie.

C'est comme si, courir la savane tout nu, était une indécence chez les sauvages ; comme si espérer, voir élever sur une place publique une statue à quiconque aura renversé quelque chose, était un anachronisme.

Il serait donc original, non pas même extraordinaire, de voir proclamer la république par les partisans de la monarchie et les Français pourront élever des statues à ces prétendants qui auront dit à leurs fidèles : La nation ne veut point de nous ; voici venir l'empire ou la démagogie. L'empire, c'est peut-être le salut , mais c'est un prince qu'on nous préfère.

La démagogie c'est le cataclysme final , le déluge pour le beau pays de France. Nous aurons vécu et un despote du nord, enchanté de quitter les glaces de son royaume, s'installera à Paris avec son knout.

Mieux vaut la démagogie ! Allez donc voter avec les grands destructeurs. Vive la République, vive Rochefort vive Vermesch, Napoléon est enfoncé !

UN AMBASSADEUR DU MARÉCHAL.

Monsieur Périer Casimir ayant demandé l'établissement de la République, on devait s'attendre à voir les radicaux de la légitimité demander le rétablissement de la monarchie, mais vous chercheriez pendant dix lunes, que vous ne trouveriez pas le nom du ténor qui a porté cette proposition à la tribune. Je vous le nommerai donc, c'est M. La Rochefoucauld Bissaccia, ambassadeur de France à Londres.

Vous avez lu, c'est un ambassadeur qui a traversé la Manche, probablement sans congé, et qui après avoir débarqué à Calais, où il a pris le train pour le parlement est venu dire à ses collègues surpris, mais non étonnés : Moi, ambassadeur du maréchal en Angleterre, qui ai par conséquent pour mission de faire respecter son gouvernement à l'étranger, je viens vous proposer de renverser celui que je représente, et de le mettre au rebut comme on fait des vieilles paperasses. Au rebut Magenta ! au panier Mac-Mahon ! au panier ! au panier !

Supposez par impossible, que lord X, ambassadeur d'Angleterre à Paris, soit un jour parti pour Londres en fumant son cigare, et à peine entré au parlement ait dit à ses collègues : Milords et Messieurs, nous n'avons que faire d'une femme à la tête de notre pays ; renvoyons la reine à ses moutons ; elle doit aimer les moutons, cette bonne mère, et donnons-nous un autre gouvernement.

Ah le pauvre ambassadeur !

Je ne parlerai pas plus longuement du sort qui lui serait réservé.

Supposez toujours par impossible, que la chose se passe à Berlin, à Pékin, dans la plus petite des républiques américaines? On choisirait sans doute dans la plus sûre des maisons d'aliénés, un cabanon soigneusement capitonné et l'on y enfermerait le diplomate auteur de la motion après avoir écrit à l'entrée: furieux, dangereux.

En France, on trouve cela tout simple. Est-ce qu'il y a un crime de lèse-septennat? Qu'est-ce d'ailleurs que le septennat?

P. S. — Le bruit s'est répandu à la petite bourse qu'on avait commencé à remplacer les monuments dits Rambuteau, par des constructions plus vastes et plus commodes appelées *septennateurs*.

Tout le monde peut y pisser mes frères......

Avec M. de La Rochefoucauld.

ENTRE PARTISANS DU ROY.

Dans un coin de la buvette de leurs majestés nos députés, l'un d'eux M. de Lorgeril déguste en faisant claquer sa langue et avec un air de béatitude céleste, une liqueur jaune et limpide comme la topaze.

Les trappistines l'entend-on murmurer !

Saint ordre digestif.

La trappistine ! exquise liqueur contemplative.

Entre M. du Temple, les traits bouleversés. Il court à son ami.

Mon cher on a suspendu l'Univers.

Vous plaisantez, Veuillot supprimé ?

Je ne plaisante pas, c'est une abomination ! dans quel temps vivons-nous, Dieu puissant !

Survient M. de Belcastel essoufflé.

Messieurs ! quelle audace ! on a sus.....

Ah vous savez ?

.... pendu Veuillot.

Comment Veuillot pendu ? un suicide ? le malheureux ! le désespoir.......

Je dis suspendu et non pendu ! frappé........

Ah ils l'ont frappé les misérables ! Est-il grièvement blessé ? il aura résisté !

Mais laissez-moi donc achever ; frappé dans ses intérêts, dans ses plus chères convictions, Veuillot a été admirable de sang-froid et de clarté !

Savez-vous ce qu'il a répondu à M. de Ladmirault ?

Non, voyons,

M. le Gouverneur , j'ai l'honneur de vous accuser

réception de l'arrêté qui interdit la publication de l'*Univers* pendant quinze jours.

Veuillez agréer, monsieur le Gouverneur, l'assurance de ma haute considération.

Tous trois : Quelle protestation !

M. de Lorgeril : attrape Ladmirault.

M. du Temple : Ça n'a l'air de rien, mais un gouvernement auquel on peut dire de telles choses....

M. de Belcastel : ne perdons pas de temps, messieurs, il faut avertir le Saint-Père, et Sa Majesté le *Roy*.

Allons au télégraphe ; vite, vite.

Dans la soirée on recevait au Vatican une dépêche qui ne laissait pas que d'intriguer le cardinal Antonnelli. Elle était ainsi conçue :

Très Saint-Père,

Des cœurs catholiques s'empressent de prévenir votre Sainteté, que Veuillot a suspendu le journal du gouverneur de Paris pour quinze jours. Son courageux rédacteur en chef s'est rendu ce matin avec un nombreux état-major, chez le maréchal, pour assister à un conseil très important.

Ladmirault, mandé par le juge d'instruction a répondu à toutes les questions de l'honorable magistrat avec une fermeté qui fera l'admiration du monde entier.

Très Saint-Père, nous vous supplions humblement d'excommunier Veuillot et le gouvernement machiavélique qui sévit contre Ladmirault.

Vers la même heure, Monsieur le comte de Chambord partait pour la France, à la réception du télégramme suivant : Sire ! celui que vous appeliez naguère un Bayard moderne, vient de permettre la suspension de l'Univers.

Votre Majesté doit à ses fidèles sujets de punir une action si méprisable.

Sire venez, vous monterez à cheval, et après avoir fait

sept fois le **tour du palais de Versailles**, vous le verrez s'écrouler et engloutir les endurcis qui ne veulent pas reconnaître que vous êtes la vérité et le salut.

Avant de monter en wagon, le comte de Chambord a télégraphié à Monsieur du Temple : J'arrive préparez cheval, irai Versailles, rassemblez peuple devant château afin qu'il voie ruines ; guérirai écrouelles.

Le soir, la note suivante paraissait dans un journal légitimiste :

M. Veuillot a reçu hier l'ordre de ne pas faire paraître l'*Univers* pendant quinze jours.

Les impérialistes représentés dans le cabinet par MM. Magne et de Fourtou doivent être satisfaits.

On dit qu'un haut dignitaire de l'Empire est arrivé cette nuit de Chislehurst pour conférer avec M. Rouher.

Certes, nous ne ferons pas remonter la responsabilité de cette suspension jusqu'à la personne si loyale du maréchal, mais il nous sera bien permis de dire, qu'un gouvernement qui a commis un semblable déni de justice doit reconnaître qu'il ne peut cacher plus longtemps son impuissance, sous l'apparence de violences, tristes conséquences de son origine contestée et de son existence très discutable. Mieux vaudrait rendre immédiatement ce qui appartient à César, la crainte du jugement de l'histoire, méritant bien qu'on s'occupe immédiatement de cette restitution.

Nous espérons que nos amis de la Chambre se disposent à interpeller d'urgence M. le Ministre de l'Intérieur. Dieu merci, nous comptons dans leurs rangs des cœurs solidement trempés, toujours prêts à soutenir le droit et à combattre l'arbitraire.

UN PEU DE PATRIOTISME, MES BONS MESSIEURS?

C'est l'ami Lucien Brun qui a interpellé et c'est M. de Fourtou qui a répondu, très bien répondu.

Trois ordres du jour ont été présentés et si le ministère avait su tout bonnement se rallier à l'ordre du jour pur et simple, il n'aurait pas éprouvé le léger désagrément de voir rejeter celui dont il était l'auteur. Bref, l'ordre du jour pur et simple a été adopté, mais les choses se sont passées de telle façon que les journaux de l'opposition crient victoire tandis que les feuilles conservatrices publient que le ministère a vaincu.

La loi des maires a suivi son cours agité. Le gouvernement voudrait ceci, il le propose; crac la Chambre n'en veut pas.

Mais puisqu'il est bien reconnu qu'une discussion sur un sujet quelconque, n'est qu'un prétexte à purger des rancunes, à asticoter les ministres ; puisque nous gaminons agréablement sur tout et pour tout, pourquoi le ministère prend-il part aux débats?

Toutes les fois qu'un député pose à M. de Fourtou cette phrase insidieuse qui n'est autre chose qu'un croc en jambe : Quel est l'avis du gouvernement? Nous espérons que le gouvernement ne se désintéressera pas dans cette question?

Le ministre devrait répondre par cette déclaration : le gouvernement s'en rapporte à la sagesse de la Chambre. Le pays serait bientôt édifié sur cette sagesse.

De son côté, M. le président de la République devrait profiter du désarroi dans lequel se trouvent les partis pour faire adopter la loi dont la teneur suit : Article unique :

« Toute motion présentée pour rétablir présentement la monarchie, ou proclamer définitivement la République est, ot sera considérée comme un crime de lèse patrie »

La personne du maréchal reste en dehors, ce n'est donc pas une loi de sauvegarde pour sa personne. Il implore simplement pour la France ; il demande pour elle l'aumône du repos.

Un peu de patriotisme, mes bons messieurs, S. V. P.

A QUI LE TOUR.

Le ministère n'est pas mort, mais peu s'en faut. Bonhomme Fourtou vit encore mais la chandelle de M. Magne est morte.

Wolowski est un grand économiste.

Après un travail opiniâtre, il a trouvé que le moyen d'équilibrer le budget était pour l'Etat de ne pas payer ses dettes.

M. Magne voudrait tenir des engagements pris, et demander au sel l'argent qui nous manque.

Toucher au sel, y pensez-vous?

Pourquoi pas au beurre? aux haricots et à la soupe. De ce point de départ aux classes ouvrières, et à leur misère, il n'y a qu'un pas.

Salez-vous à gogo ouvriers et patrons. Ne gémissez plus saloirs déserts! cochons, veillez sur vos jambons! vive le sel! à bas les dettes! et voilà M. Magne par terre.

On dit que M. de Fourtou suivra son collègue dans la retraite.

On ne le dit plus, c'est fait.

Deux portefeuilles à prendre, ô législateurs! retroussez vos manches! du poignet! Qui va décrocher la timbale?

DE L'INFLUENCE DES LAPINS, LIÈVRES ET PERDREAUX
SUR L'AVENIR DE LA FRANCE.

Le ministère Magne-Fourtou, ayant subi le sort des aérolithes, le Président de la République a confié les intérêts du pays à un brelan d'officiers généraux et l'on dit tout bas que les militaires étant nés, paraît-il, pour s'occuper de toute autre chose que de leur métier, il n'est pas bien étonnant que des gens qui ne s'étaient jamais mêlés de discipline et de stratégie aient eu un beau matin l'idée d'organiser des armées et de gagner des batailles. Voilà Gambetta et consorts excusés.

Ces braves soldats sont orléanistes, à ce que l'on prétend. C'était le tour des princes dé détenir le pouvoir pendant le dernier trimestre de l'exercice politique 1874. Le centre gauche entrera en fonctions dans le 1er trimestre de l'exercice suivant. Puis viendront les bonapartistes dans les 4e, 5e et 6e mois.

Les monarchistes radicaux seront tout puissants dans le dernier trimestre et ainsi de suite jusqu'à la fin du septennat.

Avec ce système d'écartellement continuel du pouvoir, le duc de Magenta doit néccessairement modifier sa politique, ses goûts, ses habitudes, ses faveurs, voire même ses jours de chasse qu'il aime passionnément et la distribution du gibier qu'il tue, lequel ne doit être mangé que par les amis des ministres en fonctions, par trimestre et par catégorie d'opinion.

Les indications suivantes, écrites sur les registres du maître d'hôtel du maréchal, donnent une idée très-juste de sa finesse politique et d'une équité bien rare chez le chef d'un gouvernement.

GIBIER TUÉ PAR M. LE MARÉCHAL.

Ministère centre gauche, 1ᵉʳ trimestre.

Lapins............................ 600
Lièvres........................... 8
Perdreaux 100

A distribuer un peu partout.

Ministère bonapartiste, 2ᵉ trimestre.

Lièvres........................... 90
Perdreaux........................ 300
Faisans........................... 70

distribuer dans le quartier de l'Élysée.

Ministère légitimiste, 3ᵉ trimestre.

Perdreaux........................ 150
Lièvres........................... 40
Lapins............................ 80

A distribuer dans le faubourg Saint-Germain.

Ministère orléaniste, 4ᵉ trimestre.

Perdreaux 200
Cailles........................... 300
Lièvres 60
Lapins............................ 80

A distribuer dans le faubourg Saint-Honoré.

On le remarquera, le gibier distribué aux légitimistes est moins abondant mais mieux choisi que celui qu'on expédie aux orléanistes plus nombreux dans le pays, mais qui ne tiennent généralement pas à la qualité.

On voit au centre gauche une énorme quantité de lapins, cette bête simple et inoffensive ayant certainement une signification dans les largesses du Président. Les bonapartistes sont mieux partagés en perdreaux et lièvres ; de plus, il y a pour eux une distribution de faisans. — Cette nuance a son importance.

C'est là toute la politique du maréchal et l'on pourrait croire qu'elle ne portera nul ombrage aux nations de l'Europe. Point ! Nos voisins, les Espagnols, ne sont pas contents de cette manière de gouverner par le gibier à plumes ou à poil et nous accablent de mémorandums insolents où il est dit, par exemple, qu'un lapin blessé par le Président de la République, chez le duc d'Ayen (3ᵉ trimestre), a pu se réfugier en Espagne, qu'il était porteur de dépêches ou même d'armes et de munitions pour les carlistes et que M. de Nadaillac, préfet des Hautes-Pyrénées, n'a rien fait pour l'en empêcher.

Là dessus, la *République française*, journal du citoyen Gambetta, condamne à mort M. de Nadaillac, qui offre sa démission qu'on n'accepte pas et qui, désespéré, envoie aux nombreux douaniers sous ses ordres télégrammes sur télégrammes : Si voyez lapin blessé porteur de canons pour carlistes, essayer de franchir frontières, arrêtez-le.

De son côté, Victor-Emmanuel est assez souffrant d'un orénoque dans l'œil, et d'ici à peu de jours, nous serons forcés de lui prêter un médecin comme nous l'avons fait jadis pour Garibaldi, qui l'opérera et ramènera en France l'orénoque extrait.

Il faut espérer qu'à partir de ce moment, le Président pourra tuer du gibier sans crainte de troubler le repos de l'Europe et que les lapins ne seront plus prétextes à des échanges de notes diplomatiques.

SUITE DE L'INFLUENCE DU GIBIER A POIL.

L'amiral de la Roncière devait assister à un banquet dans l'Orne.

Empêché au dernier moment il a écrit pour s'excuser et le diable le tentant, a parlé de la révision de la constitution et de l'appel au peuple.

Il a été immédiatement privé du commandement de l'escadre, le maréchal n'admettant pas qu'on parle de ces choses quand on est amiral et voulant qu'on dise simplement pour s'excuser de ne pouvoir aller dîner quelque part : merci, j'ai un dérangement d'estomac ; ou bien : mon petit dernier est malade, faites excuse je ne puis sortir.

Monsieur de la Roncière, s'il n'était que marin, aurait eu bien tort à mon sens d'écrire une lettre politique, de causer du gouvernement et d'apprécier le vallonnat à sa façon; il n'était pas sans savoir en effet que Messieurs les républicains qui ne tenaient pour bons soldats sous la Monarchie ou sous l'Empire, que les officiers qui parlaient ou écrivaient contre elle et contre lui, considèrent comme des traîtres ou des conspirateurs, les membres de l'armée qui, sous la République, se permettent de molester cette pauvre fille, et ne manqueraient pas de les dénoncer soir et matin jusqu'à ce que fusillade s'en suive.

Mais M. de la Roncière est député, et en cette qualité, il avait bien le droit de faire comme les Chanzy, les Valazé, les Denfert, les Trochu, en leur temps.

Il a donc été destitué et la vraie raison de cette destitution à laquelle on veut en vain donner tout autre motif (entr'autre l'ébranlement de l'autorité du gouvernement, comme si un gouvernement si bien établi pouvait être ébranlé) est que la lettre de ce pauvre amiral a été com-muniquée au maréchal de Mac-Mahon pendant une chasse et tout le monde sait que dans ces moments-là le héros de Magenta ne plaisante pas.

Son chien César (rougissez tyrans) était en arrêt.

Son maître le cou tendu, le fusil épaulé allait immoler la victime.

Cracl... un officier d'ordonnance avec la lettre.

Le Maréchal s'est retourné..... une minute; le lièvre est parti; et alors une colère..... bien naturelle.

Ah! s'est-il écrié, l'amiral a écrit à Tardiveau !

Gredin... de lièvre...

Il a dit que la constitution était révisable !

Parbleu! Sacré gredin... de lièvre.

Et qu'il me jurait fidélité !

Sacré gredin de gredin... de lièvre.

Et il a destitué l'amiral.

O lièvres, vous attendiez-vous jamais à trancher le fil de la carrière d'un chef d'escadre sous le règne de Mac-Mahon Ier ?

Le citoyen Naquet qui n'est pas amiral et que sa qua-lité de député autorise à parler sans que le gouvernement songe à lui infliger une punition et sans risquer d'être obligé d'amener son pavillon qui couvrirait du reste une vilaine marchandise, le citoyen Naquet promène sa bosse pleine de malice républicaine dans nos provinces du Midi, parlant dans les écuries à des badauds abasourdis d'entendre des flots d'éloquence sortir de ce petit corps, sans dégonflement apparent de son éminence dorsale.

Son programme est bien fait du reste pour séduire les plus difficiles de ses auditeurs et si vous étiez présent vous verriez avec quel sourire de satisfaction ils se laissent dire que la suppression de la religion est chose convenue.

Leurs bouches s'agrandissent démesurément en entendant le farouche tribun les exempter d'impôts pour en surcharger ces canailles de propriétaires, et leur joie ne connaît plus de bornes lorsqu'il leur dépeint le divorce réitéré sous des couleurs orientales qui couvriraient Mahomet de confusion.

Le lendemain, grisés par les principes de Naquet, ces pauvres imbéciles insultent le premier prêtre qu'ils rencontrent, dépensent au cabaret l'argent destiné au percepteur et rossent leurs femmes, qui gémissent de n'avoir pas de pain pour leurs enfants.

Le peuple, disait Courrier, croît et paie.

Il a fait de jolis progrès depuis ce temps, et nous le verrons bientôt, grâce à Naquet, ne plus croître, le divorce aidant, et ne plus payer, les riches étant faits spécialement pour cette besogne.

Dans une autre de ses lettres, le célèbre polémiste écrit : « On va recomposer les grandes propriétés pour les gens qui ne veulent rien faire.

« La terre alors se reposera. Chaque gentilhomme ou chanoine aura pour sa part mille arpents à charge de dormir ; et s'il ronfle, le double. »

Eh bien remplacez les gentilshommes et les moines par les adeptes de M. Naquet et si le gouvernement ne veille, il y a probabilité pour qu'ils accomplissent la prédiction de Courrier.

L'amiral de la Roncière veut conserver ; le député Naquet veut détruire.

Vous détruisez l'amiral et conservez Naquet. Allah !.. Allah !

BATAILLE.

Pendant six semaines les Français représentés par leurs.... représentants, ont occupé deux camps retranchés établis par les soins du génie parlementaire.

Dans le premier se trouvaient les partisans du scrutin de liste ; dans le deuxième les adeptes du scrutin d'arrondissement.

Ces deux armées, grosses en nombre, avaient établi des avant-postes, des petits postes et des vedettes qui escarmouchaient de temps à autre, en attendant qu'une sortie générale commandée par les feld-maréchaux Buffet et Dufaure, d'une part ; les généraux Gambetta et Louis Blanc de l'autre eût décidé du sort des combattants.

Elles avaient chacune leur artillerie formée d'orateurs — Amstrong, parmi lesquels se distinguaient Berthaud-Canon, Laboulaye-Mitraille, Picard-Obus, Castellane-Fusée.

La cavalerie, mauvaise du reste, se composait d'une centaine de députés n'appartenant à aucune opinion ; montés sur leurs dadas ; dadas capricieux, vicieux, se cabrant, ruant et ne rendant que peu de services.

La phalange nombreuse des députés muets, des députés-votes, des députés interrupteurs, représentait l'infanterie.

La France ne laissait pas que d'être inquiète sur l'issue de la lutte.

Les conservateurs mettaient leur salut dans la victoire des armées commandées par Buffet.

Les radicaux espéraient s'emparer de nouveau du pouvoir, si la fortune favorisait leurs chefs.

L'intérêt était capital ;

La foule se passionnait.

C'était pour le pays (à ce qu'il croyait du moins,) être ou ne plus être, comme dit Schakespeare.

Après trente ou quarante jours, pendant lesquels les armées en présence creusaient des traquenards, organisaient des embûches, encourageaient les désertions dans le camp opposé, se fusillaient, envoyaient des parlementaires et se refusillaient, Dufaure et Gambetta en sont venus aux mains.

Ce dernier, vaincu, s'est replié assez gravement blessé.

Cette première journée a pris nom : Bataille de la 2e lecture.

Paris, typ. Ch. De Mourgues frères. — 6331.